$L_n^{27}.20393.$

VIE
DE SAINT VIDIAN,
MARTYR.

INTRODUCTION.

ÉCRIRE la vie d'un saint, c'est percer le nuage, c'est faire briller sur la terre un rayon du Ciel, c'est donner à tant d'ames, que l'ignorance, la faiblesse ou le respect humain retiennent dans une apathie bien déplorable, c'est leur donner, par l'exemple de ceux qui nous ont précédés, le courage et la force qui leur manquent. Mais, si à cette idée générale de sainteté et de sentimens intérieurs qu'elle entraîne nécessairement, viennent se joindre une piété éminente au sein de la grandeur et de la gloire, un amour de la patrie que les temps héroïques envieraient, une pureté de mœurs admirable au milieu de la licence des camps, et à ce double culte de la religion et de la France, le sacrifice absolu des plaisirs, des grandeurs et de la vie même; dans ce cas, on a le bonheur de donner un solennel démenti aux détracteurs de la piété. Esprits étroits, haineux, parce que le cœur ne les a jamais inspirés, ils croient que la piété est incompatible avec grand nombre de positions; et dans leur absolutisme irreligieux, ils élargissent le chemin du Ciel pour les hautes classes de la société, abandonnant la ferveur, les saints dénoûmens à ces ames simples et ingénues, qui, vivant sur la terre, savent penser à une autre vie pour laquelle il leur faut travailler. A ces assertions mensongères, à ces théories immorales, laissant de côté les raisonnemens nombreux et invincibles qui militeraient pour nous, nous allons opposer des faits irréfragables, et contre lesquels viendront se briser tous les sophismes.

La France a vu de ses souverains échanger le sceptre de la terre, pour les palmes du Ciel, et auprès de ce trône, sur les marches duquel tant de vertu et de gloire sont venues s'asseoir aux différens âges de la monarchie, germer les plus belles vertus dans les ames les plus belliqueuses. Car cette religion qui appela les pâtres de Juda, attira aussi les Mages, les puissans et les sages de l'Orient au berceau de Jésus-Christ. C'est elle qu'ont aimée, qu'ont louée dans leurs écrits les grands génies, les hautes intelligences de tous les temps ; c'est elle qui donna la victoire à Constantin, et sut encore ajouter de nouvelles gloires à ses honneurs, quand il allait humilier son front dans la poussière de ses temples. Mais la France n'a rien à envier aux autres peuples : saint Louis ne redoute aucun parallèle ; et dans la vie du héros dont nous allons retracer l'histoire, on verra que les sentimens de noblesse, de valeur, de dévoûment ne peuvent que recevoir un nouvel éclat des vertus chrétiennes qui les accompagnent.

C'était vers la fin du huitième siècle, époque de gloire, au milieu des ténèbres du moyen-âge, temps où la science, la valeur et la piété firent rejaillir sur la France un éclat que rien n'a pu effacer, ni les gloires modernes, ni ce mépris affecté pour tout ce qui est antérieur à notre âge. Charlemagne régnait : alors la religion présidait à tout : on portait la guerre chez les peuples sauvages ; mais c'était plutôt pour leur porter l'Évangile, la connaissance de la vraie religion, que par le désir d'inutiles conquêtes. Tout lui appartenait, et les chants de l'Église et les hymnes de la victoire : elle consacrait la gloire, parce que la gloire était chrétienne. Elle bénissait la tombe des guerriers morts en combattant pour la foi et pour la patrie; et en même temps elle recueillit les hauts faits et les vertus de ses héros, pour les offrir à l'admiration de la postérité, et les consacrer par des honneurs pieux et solennels. Car c'était sous l'égide du Dieu des combats qu'on marchait à la victoire, et l'invocation de ce nom puissant donnait au courage un nouvel éclat, une ardeur nouvelle. Les Maures au Midi, les Saxons au Nord, tous éprouvèrent l'influence de la France chrétienne et victorieuse; et dans les annales du monde, dans les fastes de la gloire, il n'est pas d'époque qui puisse éclipser ce grand siècle. L'épisode que nous allons écrire, pieux et guerrier à la fois, nous fera bien comprendre le caractère de ce temps, où tout était religion et héroïsme.

Charlemagne se reposait sur les lauriers qu'il avait conquis au-delà des Pyrénées, et; à la faveur d'une trêve que sa bonté lui avait fait accorder, quand sa force n'en avait pas besoin, il laissait à ses guerriers, un loisir dont ils se servaient dans des jeux militaires, pour s'animer à de nouveaux combats. Mais un de ses braves, un de ses parens gémissait encore dans l'esclavage. Le duc d'Alençon était retenu prisonnier à Lucéria, ville des bords du golfe de Biscaye, où l'idolâtrie s'était réfugiée quand l'islamisme envahissait l'Espagne. Un chrétien, un Français d'une naissance si distinguée, était pour ces barbares un prisonnier d'importance. Aussi, grand nombre de compagnons de sa captivité avaient péri : et toujours on l'avait réservé pour de grands dangers que sa liberté aurait pu conjurer. Les démons furent consultés par leurs prêtres sur le sort qu'il fallait lui faire subir ; et, par une de ces prévisions que Dieu leur donne parfois, ils conseillèrent de rendre la liberté au duc, à condition qu'il donnerait son fils en ôtage. Ce fils, cependant n'était qu'un enfant encore, et sa première jeunesse n'avait rien montré qui pût faire espérer ou craindre pour l'avenir une grande influence dans les destinées contraires de deux peuples rivaux.

Les Sarrasins avaient été appelés d'Afrique en Espagne par la trahison : le comte Julien se ligua avec eux contre son roi ; et quoiqu'il eût un sanglant outrage à venger, son nom est demeuré flétri par l'épithète de traître. L'Espagne, en proie aux factions, leur présenta une conquête facile. La résistance de Pélage, bien héroïque sans doute, ne fut qu'un germe qui ne pût être développé que long-temps après, mais elle ne pouvait être une digue suffisante pour arrêter un torrent qui semblait devoir tout inonder. Fiers de leurs succès, ils passèrent les monts, et trouvèrent dans les champs de Poitiers, Charles-Martel et la mort, et une victoire remarquable fut aussi remportée sur eux par le comte Guillaume de Toulouse, aux environs de Narbonne. Plus tard, Charlemagne en personne, les refoula jusqu'en Espagne, où il les battit dans plusieurs combats ; et sa victoire fut si complète, que l'échec de Ronceveaux ne put ternir ses lauriers. A ces guerres, succéda une trêve assez longue, qui ne fut interrompue par aucune hostilité de nation à nation, mais pendant laquelle plusieurs rencontres eurent lieu entre des chefs maures et des chevaliers français qu'animait toujours l'amour de la patrie, et plus encore celui de la religion ; et qui n'attendaient pas l'ordre du souverain pour aller chercher la gloire.

Après plusieurs succès remportés sur les Sarrasins, ce fut dans un de ces combats que le duc d'Alençon fut fait prisonnier, et livré entre les mains du roi ou chef de Lucéria, ou Lucerne.

Inutile de dire les mauvais traitemens qu'il eut à supporter dans le cachot où il fut enfermé. Les chaînes, les privations de toute espèce furent son partage; mais rien ne put abattre sa constance: Soldat de Jésus-Christ, il endura les peines et les tourmens pour l'amour de son Dieu, et à son exemple. La liberté lui est cependant offerte; mais on demande son fils, son fils unique, Vidian en otage: cet enfant, que les démons avaient prévu devoir être le soutien de la chrétienté, et un des plus grands ennemis de leur culte idolâtrique. Cruelle alternative! d'un côté, la liberté, le désir de nouveaux combats, le bonheur de revoir une épouse chérie; et de l'autre, la nécessité de livrer son fils entre les mains de ces barbares, exposant ainsi sa foi et sa vie. Il est des positions dans lesquelles l'esprit de l'homme n'est que ténèbres, mais dans lesquelles aussi le Ciel vient nous éclairer de ses inspirations, et fait pencher la balance du côté où se trouve la plus grande gloire de Dieu. Fidèle à cette voix intérieure, suivant l'éclat de cette lumière, le duc d'Alençon accepta la proposition qui lui avait été faite, et écrivit à Paris pour faire venir son fils.

La jeunesse de Vidian était cultivée à Paris

par les soins d'une tendre mère, cette providence du jeune âge. Mère chrétienne, Stace s'appliqua à profiter de cette première enfance, où l'ame est si impressionable, pour inculquer à son fils les vertus qui sanctifient le chrétien et les qualités qui forment le héros. Ses discours étaient toujours de piété et de guerre, de religion et de gloire : sa parole faisait naître dans le cœur de Vidian, cette ardeur qui plus tard devait lui faire accomplir de si grandes œuvres. Mère bien digne en cela de servir de modèle à tant d'autres, à qui Dieu a imposé les mêmes devoirs, et qui ne s'en acquittent qu'avec une coupable indifférence, ne prévoyant pas les funestes conséquences que leur incurie peut avoir pour l'avenir. Aussi, quand il fallut obéir à la volonté de Dieu, se séparer de sa mère, renoncer aux grandeurs, à la liberté et presque à l'espérance, ces sacrifices tout grands qu'ils étaient, ne furent pas au-dessus de l'ame de notre héros. Il se soumet sans la moindre hésitation : il fait voir à Stace l'ordre du ciel, l'ordre d'un père, et, muni de la bénédiction maternelle, il part. Mais plus généreux qu'Isaac dans un sacrifice dont il connaît les conséquences, il ne trouvera pas un Dieu moins clément.

D'un palais à une prison, de la liberté à l'esclavage, la transition était forte : les fatigues d'un long voyage vinrent encore s'ajouter à cette première peine : saint Vidian, dans ces épreuves, fut soutenu par la grâce du Seigneur qui ne manque jamais de générosité pour ceux qui le servent avec courage. Il arrive à Lucerne ; et avec une noblesse de sentimens, et une abnégation que la religion seule pouvait lui inspirer, et qui étonnèrent ce peuple barbare, il fut se présenter au roi de cette ville, et se constitua prisonnier en demandant la liberté de son père. Quel moment pour ce père ! il presse sur son cœur un fils bien aimé pour lequel l'affection que la nature a mise dans son ame vient s'augmenter de toute la grandeur de l'estime qu'une démarche aussi noble doit inspirer. Il l'arrose de ses larmes, parce qu'il sait qu'il va s'en séparer bientôt, sans doute pour toujours, et laiser sa jeune vertu exposée à tant de mauvais exemples et aux séductions de l'impiété. Et cependant ce malheureux père espérait en quittant son fils, car il savait que c'est dans les grands besoins qu'éclatent les grandes miséricordes du Seigneur. Puis, il est des saints qui, dans l'âge le plus tendre, ont la rectitude des pensées et la force de vertu des vieillards. Tel était Vidian que Dieu même appelait à tant de combats pour confondre ces infidèles sarrasins ou idolâtres, et montrer aux chrétiens que le Dieu de saint Paul sait encore, même au milieu des plus grands périls, fortifier ceux qui l'invoquent.

Mais ce n'était pas pour garder Vidian prisonnier qu'on l'avait demandé en ôtage. La prudence humaine aurait plutôt suggéré aux ennemis du nom chrétien de retenir le duc d'Alençon, homme redoutable, vieilli dans les camps, et célèbre par tant de combats qu'il avait livrés, et tant de victoires qui avaient récompensé sa valeur. Les Démons qui avaient suggéré cet échange voulaient détruire dans sa jeunesse, un héros qu'ils prévoyaient devoir être si fatal à leur culte idolâtrique. Mais Dieu veille sur le sort de ceux qui le servent et travaillent à sa gloire : ce n'est jamais ni la ruse des démons, ni la malice des hommes qui pourrait déjouer les conseils, les arrêts du Seigneur. Vidian devait être entre les mains de Dieu un instrument de gloire pour la Religion, de mort pour les infidèles. Aussi fut-il conservé: et Dieu n'a-t-il pas des Anges auxquels il commande de veiller sur ses élus, de les garder et conduire dans toutes leurs voies? Dans le cœur de l'homme, souvent une passion en neutralise une autre ; et c'est ainsi que le vice lui-même quelquefois contribue à l'exécution des desseins de la providence. Nous avons vu dans la vie mortelle de notre Seigneur, que dans plus d'une circonstance les démons auxquels il fesait éprouver son empire confessaient sa divinité, et proclamaient hautement sa puissance et sa gloire. Plus encore que la cruauté, l'avarice dévorait l'ame de l'infidèle qui régnait à Lucéria. La mort de Vidian ne pouvait enrichir cet homme, on ne vend pas du sang. C'est pourquoi, bravant des oracles qu'il aurait respectés dans toute autre circonstance, il arracha notre saint à la mort, et l'exposa en vente comme il faisait des autres esclaves ou prisonniers que le sort des combats mettait entre ses mains. Il entre assez souvent dans la pensée de la providence, que ceux qui sont prédestinés à de grandes choses, doivent avant supporter la tribulation, et passer par de cruelles épreuves : leur vertu en devient plus pure, plus forte, plus capable de correspondre à la souveraine volonté du Seigneur, et de travailler à sa gloire.

Voilà donc Vidian, nouveau Joseph, appelé ainsi à des destins élevés, et exposé maintenant au même sort. Le voilà lié, vendu comme un animal immonde. Mais Dieu avec qui il a été, est maintenant avec lui pour le délivrer de cette nouvelle tribulation, et faire succéder la gloire à l'ignominie. Plus pieuse que la femme de Putiphar, que les Ismaélites, une marchande anglaise d'une haute piété, et inspirée sans doute par le ciel, se détermine à l'acheter, reconnaissant à son air vertueux, à sa modestie, à la sagesse imprimée sur son visage, que Dieu avait de grands desseins sur ce jeune captif. Car la vertu solide ne peut tellement être renfermée dans le cœur qu'il n'en paraisse rien au dehors : presque toujours elle a un parfum extérieur qui gagne les autres, et les engage à glorifier Dieu. Telle était la piété de saint Vidian : on lisait dans son office qu'il avait une grande vertu, une sagesse profonde, et un amour ardent pour la pureté qui fut vraiment angélique en lui : *Vidianus Doctor morum, mente sanus, angelicæ puritatis.*

Ces caractères extérieurs, ces marques presque divines ne trompèrent pas les prévisions de cette pieuse chrétienne : loin de là, le succès seconda à un tel point son espérance, et les vertus qu'elle n'avait fait qu'entrevoir dans Vidian brillèrent d'un si vif éclat qu'elle en fit son fils adoptif, ayant la ferme confiance qu'elle trouverait dans ses éminentes qualités, une compensation pour les joies de la famille que Dieu lui avait refusée dans le mariage. Ce fut par un premier effet de cette grande miséricorde du Seigneur, qu'il devait éprouver plus qu'un autre, que notre saint vit sa position changer subitement. Au lieu des privations, des peines, des fers de l'esclavage et des mauvais traitemens sans nombre qu'il éprouvait chez un peuple barbare et si ennemi du nom chrétien, il trouva des joies inconnues, des cœurs amis, et ces soins si délicats que, mieux encore qu'une bonté naturelle, la religion sait si bien inspirer.

Notre Seigneur avait mené une vie obscure à Nazareth : Joseph dans la captivité s'était consacré à des travaux ordinaires ; et dans le silence du désert rien ne semblait présager non plus à Jean-Baptiste la gloire de la mission si belle qu'il devait remplir : car ce n'est ni le luxe, ni l'orgueil que Dieu se plaît à embellir de sa grâce : de ceux à qui il prépare un brillant avenir, il demande ordinairement une vie simple, et une humilité profonde : voulant faire voir à la terre que les moyens viennent de lui, et que les résultats lui appartiennent. C'est ainsi que dans l'obscurité d'une vie commune, Vidian fortifiait son ame, et que toutes ses actions étaient coordonnées à un but grand et unique, qu'il n'apercevait pas, mais vers lequel Dieu dirigeait ses actes, même les moins importants. Plus d'une fois, sans doute, dans son nouvel état, dans sa nouvelle patrie, le cœur de notre héros battit à la pensée du bonheur de la maison paternelle. Il aimait ses parens ; et il l'avait bien prouvé en exposant sa vie pour celui de qui il l'avait reçue. Il devait désirer ardemment de les revoir, de se jeter dans leurs bras, et de leur rendre le bonheur en leur rendant un fils qu'ils croyaient avoir perdu. Mais, héros de la Religion, ce n'était pas dans d'inutiles joies quoique légitimes, dans les plaisirs de la cour que souvent Dieu condamne, qu'il devait laisser languir une jeunesse, une vigueur que le ciel lui avoit données pour d'autres fins et plus nobles. Quand on défend la cause de Seigneur, il faut être soldat vigilant et valeureux : de tels intérêts ne doivent jamais nous trouver faibles et lâches, et c'est avec ardeur et plaisir que nous devons obéir à Dieu lorsque sa voix nous appelle.

Comblé de grâces et de faveurs, Vidian pensa que le ciel demandait de lui autre chose que des vœux stériles. Le souvenir des affronts sans nombre que les infidèles avaient fait souffrir à la Religion, et le malheur des provinces chrétiennes qu'ils ravageaient, tout cela, et la piété ardente qu'il avait pour Dieu, tout porta ce nouveau Machabée à consacrer son courage et sa vie à détruire ces barbares. Il avait prélude à cette vie militaire qu'il allait entreprendre par plusieurs combats contre des pirates; et dans ces diverses occasions, sa valeur avait brillé d'un vif éclat. La ferveur de son zèle se communiqua à grand nombre de compagnons de ses premiers exploits, au récit qu'il leur faisait de tant d'horreurs, dont son père et lui avaient été les victimes. Ce tableau, il le peignit de couleur si vives; il parla avec un tel enthousiasme de la gloire qu'il y aurait à humilier les ennemis du nom chrétien que, subjugués par l'éloquence du cœur, et partageant son élan, soldats et marchands se donnèrent à lui pour entreprendre une sainte croisade. Ses premiers exploits, sa piété, sa modestie, cet ascendant du zèle vertueux que rien ne remplace, et les souffrances qu'il avait endurées, tout le designait comme chef de cette expédition. Il fut nommé et accueilli avec enthousiasme par ses compapagnons d'armes. Le ciel leur avait dicté ce choix, car dans les choses qu'on entreprend pour Dieu, Dieu lui-même, à notre insçu, nous envoie ses pensées et dirige nos moindres actes.

Comptant plus sur la protection du Ciel que sur leurs propres forces, Vidian et ses compagnos mettent à la voile, sûrs de la victoire, parce qu'ils avaient Dieu pour eux. La traversée fut heureuse : ils arrivent au golfe de Gascogne et abordent à Lucéria. Ils trouvent la ville et son Roi endormis dans ce repos qui est souvent pour les états l'avant-coureur d'une complète ruine. Vidian aborde le premier : ses souvenirs et tant de griefs qu'il avait à venger rendaient son ardeur bien grande et légitime : il dirige les coups de ses compagnons, détruit le temple, extermine le tyran, et livre enfin la ville au pillage : et, vainqueur, il rend grâces au Dieu des armées sur la même plage qui vit son ignominie et qui est aujourd'hui témoin de son triomphe. Lucerne est entièrement détruite, et de cette cité autrefois importante il ne reste plus que des ruines, témoins muets et irrécusables des vengeances du Seigneur, qui ne renvoie pas toujours à une vie nouvelle, la punition des blasphémateurs de son nom.

Le premier effort de notre héros fut couronné de la victoire. Il apprit au monde que les ames grandies par la religion ne se laissent jamais abattre, et que même dans les peines et les fers, le courage et la vertu savent prendre de nouveaux et glorieux accroissemens. Sa famille et ses amis le croyaient mort depuis long-temps, et dans un même jour ils apprirent et le bonheur qu'il avait eu de recouvrer la liberté, et ses triomphes. Depuis long-temps il n'était plus esclave, et dans cette circonstance il lui était bien permis de mêler aux joies de la victoire, les joies plus pures encore de la famille. Il traversa la France au milieu des populations pressées sur ses pas, pour voir celui à qui Dieu avait accordé des faveurs si grandes, et qui était redevenu Français par un baptême de gloire. Il arrive à Paris où l'avait précédé la renommée de ses exploits. Quel moment pour lui! quel moment que celui où il put presser sur son cœur les auteurs de ses jours, et entendre de la bouche d'un roi victorieux l'éloge de sa victoire!

Dans cette époque de foi et de courage, tout

ce qui était gloire et religion excitait à un haut degré les sympathies générales : aussi ce fut avec un grand élan, un sublime enthousiasme que guerriers, peuple et seigneurs accueillirent ce jeune héros qui, à son premier pas dans la carrière, venait de rendre son nom également cher à la religion et à la patrie. Appréciateur du vrai mérite, Charlemagne, chrétien et victorieux lui-même, n'eut pas besoin d'écouter la voix du sang pour récompenser dignement la valeur de Vidian ; la justice parlait assez haut, et son nom avait assez de gloire pour qu'il n'eût rien à demander à la faveur. Malgré sa jeunesse, l'Empereur lui conféra le titre de Duc, et l'approbation publique vint sanctionner l'acte de la volonté souveraine. Dieu permet souvent que ses serviteurs reçoivent, même en ce monde, quelque récompense pour les sacrifices qu'ils se sont imposés ; et il leur donne gloire et bonheur ici bas, allant en cela au-delà de ses promesses, qui ne regardent que la gloire et le bonheur du ciel.

Au milieu de ces honneurs, de ces délices, de ces joies de la famille si précieuses pour son cœur, puisqu'elles étaient si nouvelles, il semble que saint Vidian aurait été excusable de se complaire dans un état qui offrait un contraste si frappant et si avantageux avec son ancienne position. Mais bien souvent l'oisiveté de la victoire vient tuer la valeur, et on perd dans un indigne repos les avantages qu'on avait conquis. D'ailleurs, dans la Religion, la palme n'est qu'à la fin de la vie, et quels que soient les succès passés, la couronne n'a jamais été donnée qu'à la persévérance. Puis ce repos, ces délices ne pouvaient être un état naturel pour une ame éminemment guerrière et chrétienne. La Religion était encore méconnue, humiliée par les Sarrasins en beaucoup d'endroits, et le devoir d'un prince français était de voler partout où il y avait la gloire de Dieu à procurer et des ennemis à combattre.

Un bruit de guerre a retenti. Oubliant leurs anciennes défaites, les Sarrasins avaient envahi le midi de la France, et porté au sein de populations paisibles le pillage, l'épouvante et la mort. Abou-Saïd vint à la tête d'une armée considérable, composée de Musulmans et de Goths ariens, hérétiques aussi hostiles à la Religion que les infidèles eux-mêmes. Alphonse-le-Catholique avait fait de grands efforts quelques années avant pour exterminer cette secte :

quelques-uns avaient résisté à la grâce, et leur haine contre les catholiques n'avait fait qu'augmenter. A la tête de cette armée, le chef sarrasin traversa comme un torrent la Navarre, l'Armagnac et le Comminges. Partout la victoire couronne ses armes. Rien ne semblait pouvoir arrêter sa course, il le croyait, lui, du moins. Il savait que Charles-Martel était mort; mais il aurait dû penser que Charlemagne régnait, et qu'autour de son trône se groupait une foule de preux, de paladins qui n'avaient dégénéré de leurs pères, ni pour la foi, ni pour la valeur. Vidian avait entendu le bruit de la guerre, et son ame impatiente ne put supporter plus longtemps le repos. Il y avait à combattre pour une querelle de Dieu : dès lors il est prêt. Quelques braves le suivent : ils sont peu nombreux, mais ils ne sauraient craindre ; la mort est là peut-être : mais la mort pour la religion, c'est la gloire éternelle.

Abou-Saïd ne rencontrant sur son passage aucune force capable de l'arrêter, s'empara de plusieurs châteaux ; et, suivant le cours de la Garonne, s'avança dans la plaine de Toulouse. Parmi les places fortes qui résistèrent à l'effort de ses armes victorieuses, était Angonia, citadelle de l'ancienne ville romaine de Calagorris, et qui était défendue par des murs et une double ligne de fossés. Le chef sarrasin ne voulut pas perdre à en faire le siége un temps qu'il devait ménager pour des conquêtes plus importantes ; mais il se disposait à triompher de cette résistance au retour de son expédition. Ce fut aux environs de Toulouse qu'il apprit que les Français, ayant Vidian à leur tête, venaient lui présenter la bataille. Il revient sur ses pas, et s'arrête entre la Garonne, Angonia et les coteaux voisins, couverts de bois alors comme aujourd'hui. Cependant, St. Vidian et ses chevaliers viennent s'emparer des bois qui bordaient le camp des Sarrasins au nord, et mit l'ennemi dans une position telle qu'un combat, et un combat à mort devenait inévitable. Les hauteurs que notre héros occupait, lui permettaient de surveiller tous les mouvemens de l'ennemi, de harceler sa retraite s'il revenait aux montagnes, et d'attaquer son flanc s'il s'engageait encore dans la plaine.

Avant de tomber sur les Sarrasins, les Français voulurent se ménager une occasion favorable pour contre-balancer l'infériorité du nombre par l'avantage des lieux et du moment. Leur attente ne fut pas trompée. L'ennemi, pensant que la vue des phalanges qu'il fallait vaincre, avait fait trembler les chrétiens, et croyant que leur inaction venait de la peur, tandis que leur repos était le repos du lion, se livra à un orgueil démesuré, et à une folle confiance qui lui fit négliger les précautions que la prudence commande. Il marche sur la ville, et l'attaque avec toutes ses forces. Le désespoir s'empare des habitans d'Angonia : ils savaient que la défaite était pour eux l'esclavage ou la mort. Mais du moins ils voulurent vendre chèrement leur vie : ils s'apprêtèrent à une vigoureuse résistance. Bientôt cependant, ils auraient succombé sous des forces infiniment supérieures, quand vint retentir à leur oreille un nouveau chant de guerre : air des combats, hymne pieux, tout leur annonce que leur libérateur approche. En effet, prompts comme la foudre, saint Vidian et ses compagnons fondent sur les Sarrasins. Attaqués de toutes parts, ceux-ci voulurent se défendre et repousser les chevaliers : mais, refoulés sous les murs d'Angonia, ils se trouvèrent en butte aux traits de ceux qui bordaient les remparts, et à la poursuite terrible et incessante de ceux dont ils avaient d'abord méprisé l'inaction. Quoique supérieurs en nombre, la frayeur s'empare de leurs ames, d'autant que Vidian, général et soldat, anime les siens de la voix et du regard, et porte partout l'épouvante et la mort en invoquant le Dieu pour lequel il combattait, le Dieu qui protège la France. Le sang des infidèles coula à grands flots dans cette mémorable journée. Mais leur frayeur est à son comble, ils fuient vers la montagne. Avec une ardeur non moins grande, Vidian les poursuit et jonche la terre de cadavres : tout plie sous le poids de son bras. La victoire, et une victoire complète va lui appartenir. Pourquoi faut-il qu'il s'expose ainsi, qu'il s'éloigne encore ? Dans son imprévoyante valeur, il ne s'aperçoit pas que ses compagnons ne sont plus auprès de lui, et, à la poursuite des fuyards, il s'écarte beaucoup de son premier champ de bataille. Les Sarrasins qui le voient, ne peuvent y croire : une armée a fui devant un seul homme ; la honte leur rend le courage, ils reviennent sur lui. Malgré son héroïsme, et les prodiges d'une valeur que la victoire avait encore animée, environné d'ennemis, il reçut de nombreuses blessures qu'il fit payer chèrement aux infidèles. Et tant était redoutable son bras que, contents de le voir hors d'état de les poursuivre, les soldats d'Abou-Saïd lui laissèrent opérer tranquillement une noble et victorieuse retraite.

Cependant le mouvement et la fatigue rendent ses souffrances intolérables. Il court au fleuve, où une fontaine épanche ses eaux pures et limpides. Il descend de cheval, dépose ses armes et lave ses blessures. Un parti de l'arrière-garde des Sarrasins, égaré dans la plaine, l'aperçoit dans cet instant, seul, sans armes et accablé de lassitude. Ils fondent sur lui. Vidian vit que la mort approchait, mais il ne trembla pas. Il l'avait affrontée bien des fois, bravant les plus grands dangers, les périls extrêmes, et toujours calme comme dans les joies du succès, parce qu'il avait en lui la paix de la conscience, sentiment qui seul peut donner au courage ce caractère égal et tempéré qui en fait l'héroïsme. Le parfait chrétien est toujours à son heure : ses affections sont au ciel : et le ciel, il n'y a que la mort qui le donne. Dieu donc allait le récompenser de ses travaux, de ses fatigues; et la palme du ciel qui lui était réservée, était à ses yeux mille fois préférable à tous les honneurs, à tous les biens de la terre, à tout ce que la reconnaissance humaine a pu inventer pour payer la valeur. Mais sa mort sera encore glorieuse. Saisissant ses armes, il ne tomba que sous le nombre, et entouré des cadavres des Sarrasins qu'il venait d'immoler. Enfin, un dernier coup sépare de son corps son ame bienheureuse. Elle va dans le ciel demander sa récompense au Dieu qui ne repousse pas le brave, et qui se plaît à être appelé le Dieu des armées. Saint Vidian avait servi Dieu dans la paix, comme dans la guerre; et, dans les diverses phases d'une vie toute consacrée à la gloire du Seigneur, il n'avait jamais oublié que la licence des camps et les illusions de l'orgueil ne pouvaient s'allier à la sainteté de la cause qu'il voulait défendre. Aussi sa vertu fut bien grande, bien pure; et Dieu permit qu'une vie commencée, continuée dans des peines et des privations soutenues avec ardeur et foi, fût à son déclin embellie par la gloire de la terre et les splendeurs du Ciel.

La mort de notre saint changea les destinées du combat et fit pencher la balance en faveur des infidèles. Sachant que leur ennemi le plus redoutable, a cessé de vivre, ils reviennent de leur frayeur; et, organisés de nouveau en corps de bataille, ils attaquent Angonia avec un acharnement et une fureur incroyables. Découragés et sans chef, accablés par la triste nouvelle qu'ils viennent d'apprendre, les habitans de de cette ville et les guerriers sont inhabiles à organiser la défense. Ils résistent, mais ce n'est que faiblement. Cependant les Sarrasins redoublent leurs assauts avec une ardeur qu'augmente encore la timidité des assiégés. Enfin la place est forcée. Oh! alors la haine de ces barbares pour la Religion, leur orgueil d'une victoire inespérée, et dans l'attrait du pillage, combien n'y eut-il pas de chrétiens dont le sang coula pour Jésus-Christ? Tous les genres de supplice furent employés : le pal, le feu, la hache du bourreau. Car il y avait un grand nombre de fidèles qui étaient mûrs pour le ciel, que Dieu voulait récompenser, et pour qui la mort était un gain. La mort de Saint Vidian et des martyrs, ses compagnons, donna à Angonia un baptême de sang : elle y acquit un nouveau nom, et depuis, jusqu'à ce jour, elle n'a plus été appelée que Martres ou ville des Martyrs.

La reconnaissance des peuples a été plus loin. Sans parler du culte qui lui fut rendu et dont nous traiterons bientôt, la fontaine dans les eaux de laquelle saint Vidian lava ses plaies existe toujours ornée par la piété, célèbre par la vénération des fidèles, et elle porte le nom du héros qui l'a consacrée. Les pierres qui en forment les murs sont couleur de sang : et la croyance générale a toujours été que Dieu a permis une chose aussi remarquable pour témoigner de la sainteté de son serviteur, et rappeler son glorieux martyre à tous les âges. On montre aussi dans les bois une roche à grande excavation qui, à ce qu'on dit, servait à saint Vidian de lit de repos après ses courses militaires.

Saint Vidian n'était plus, et ses reliques furent inhumées avec respect, mais sans pompe, dans le lieu même où le héros chrétien avait trouvé dans la mort la palme de l'immortalité. Sur cette tombe cependant vivait un grand renom, une gloire bien pure. Les peuples ne pouvaient oublier l'éclat des vertus de Vidian, et ils pensaient avec raison que sa mort avait été précieuse aux yeux du Seigneur. Dieu voulut les confirmer dans cette croyance en accordant plusieurs prodiges à l'intercession de notre Saint. Son tombeau était respectable à cause du passé si glorieux et si chrétien de celui qu'il renfermait, et il reçut une nouvelle consécration par les miracles qui y furent opérés. Les infirmes des contrées voisines venaient en grand nombre à Martres pour implorer la protection de saint Vidian, leurs prières étaient exaucées : et tous s'en revenaient glorifiant Dieu qui est admirable dans ses saints.

Parmi les prodiges nombreux que Dieu accorda aux mérites de son saint martyr, il en est deux que les historiens de sa vie ont rapportés avec plus de détail.

Une jeune fille de Pointis-Jnard, dans le diocèse de Comminges, reçut de la puissance de saint Vidian auprès de Dieu une preuve bien miraculeuse. Elle se noya dans un ruisseau appelé le Reig, à un endroit où une crue de ce torrent avait creusé un gouffre profond. Ce ne fut qu'à la fin de la journée qu'on aperçut son corps au fonds de l'eau et qu'on put le retirer. Il était sans vie, et on allait l'ensevelir, lorsque son père, homme d'une grande foi, pensa à implorer saint Vidian à qui elle avait été consacrée. La jeune fille fut rendue à la prière et à la piété de ses parens, et peu de jours après elle vint à Martres prier au tombeau du Saint, et publier le miracle opéré en sa faveur, miracle que l'autorité ecclésiastique constata et approuva.

Un nouveau prodige fut opéré en faveur d'un

gentilhomme de saint Paul, en Comminges, nommé Barrau. La passion du jeu et les pertes qu'elle lui fesait éprouver, le portèrent un jour à blasphêmer le nom de Dieu, en levant sa main vers le ciel comme s'il eût voulu lui imputer ses revers. Instantanément ses nerfs se crispent, des convulsions continuelles l'agitent, lui font souffrir des douleurs intolérables, et les dez qu'il avait dans sa main, il ne put les rejeter, les retenant malgré lui comme un souvenir poignant et perpétuel de son crime. Il fit plusieurs pèlerinages, se recommanda à l'intercession de plusieurs saints, mais sans succès. Venant enfin implorer la protection de notre Saint, il trouva la guérison en entendant la messe à l'autel de l'antique chapelle où sont conservées encore les reliques de Vidian, et en étendant la main sur ces précieux restes. L'histoire de ce miracle est demeurée peinte sur les murs de la chapelle jusqu'en 1825 : ce monument était d'une antiquité remarquable.

Ces prodiges nombreux eurent un grand retentissement. Ses anciens compagnons d'armes, et ceux qui, pendant le peu de repos que notre Saint avait pris, avaient eu le bonheur d'apprécier ses éminentes qualités, regrettèrent que le ciel eût enlevé si tôt un homme qui, si jeune encore, avait su rendre son nom également cher à la piété et à la gloire. Plus résignée en perdant son fils, et se trouvant heureuse de lui voir le bonheur du ciel et la gloire d'un si grand renom, Stace, sa mère, vint de Paris. Elle fit bâtir pour recevoir les reliques un magnifique oratoire qui existe encore dans toute sa beauté, et qui n'a eu rien à souffrir des orages et des siècles qu'il a traversés. Peu de temps après, un prieuré, dépendant de l'abbaye de Saint-Saturnin de Toulouse, fut élevé à côté de cet oratoire. Une église dont il ne reste que des fragmens en fit partie : elle a été remplacée par une autre que l'on voit aujourd'hui, et dont la construction remonte au treizième siècle, et qui a été bâtie de manière à ce que le monument devînt une de ses chapelles.

Cet oratoire étant terminé, plusieurs évêques circonvoisins vinrent à Martres, et avec une très grande solennité ; et, au milieu d'un immense concours de clergé et de peuple, ils retirèrent de la terre les précieuses dépouilles de saint Vidian et de ses compagnons, et les placèrent dans le tombeau ou niche, qui avait été préparés à cet effet, et où on les conserve encore aujourd'hui. La mort de notre Saint arriva le 27 août, comme on le voit dans son histoire (1), dans les traditions du diocèse de Rieux (2) et dans les vieux livres lithurgiques du diocèse de Paris (3), où le culte de saint Vidian était en honneur il y a plusieurs siècles, et c'est encore le jour où l'église célèbre sa mémoire (4), quoique certains martyrologes (5) fixent sa fête, tantôt au sixième, tantôt au huitième jour du mois de septembre (6). La translation des reliques fut faite le mercredi des quatre-temps de Pentecôte (7).

Depuis ce temps, d'autres faveurs signalées ont prouvé combien Dieu aimait à exaucer la prière de son serviteur, et à manifester sa gloire. Aujourd'hui même, quoique la foi ait diminué et pour faire place à une incrédulité bien moins rationelle, beaucoup de personnes se recommandent à l'intercession de saint Vidian, et viennent baiser ses précieuses reliques. Dieu s'est souvent montré propice à leurs vœux. Cette confiance, ce souvenir de tant de grâces attirent chaque année, de bien loin, une foule pieuse et empressée, qui vient mêler ses chants de fête à ceux des fidèles de Martres, au lieu même où leur glorieux patron versa son sang pour Dieu et la France. Dans cette solennité, des jeux guerriers, des combats simulés de cavalerie et d'infanterie, ornés d'une pompe toute religieuse, rapellent encore le combat dans lequel saint Vidian mourut après avoir cueilli tant de lauriers; et le recueillement avec lequel le peuple contemple ces pieuses et belles cérémonies, prouve bien hautement combien il sait comprendre et apprécier la foi noble et simple de nos Pères. (8).

Une partie des reliques de saint Vidian fut donnée par un évêque de Rieux à l'église collégiale de Saint-Ibars (Eparchius), où on les conserve précieusement. Celles qui sont à Martres, ont été plusieurs fois visitées et approuvées par Nosseigneurs les Évêques de Rieux et Archevêques de Toulouse, dans le cours de leurs tournées pastorales. Ces visites ont été faites par

Jean-Louis de Berthier,	le 25 avril	1634.
Antoine-François de Berthier,	le 30 octob.	1664.
Pierre de Charrite de Rhuthi,	en sept.	1710.
Alexandre de Jouanne de Saumery,	le 15 juin	1775.
Pierre-Joseph de Lastic,	le 14 mai	1725.
De Gourgues (délégué de Monseig. de Clermont-Tonnerre),	le 15 mai	1821.
Et Paul-Thérèse-David d'Astros,	le 3 octob.	1833.

D'autres visites ont dû être faites précédemment : celles rapportées ci-dessus sont les seules dont il nous reste des monumens authentiques.

Les reliques renfermées dans la niche ou tombeau, autres que celles de saint Vidian et de ses compagnons, sont des saints Barthélemy, Blaise, Nicolas, Martin, Edmond, Fabien, et le peigne de saint Vidian. Le plus grand nombre de ces reliques ont été données à l'église de Martres, par les abbés de Saint-Saturnin de Toulouse, comme le déclarèrent monseigneur Antoine-François de Berthier, dans son procès-verbal de visite, le 30 octobre 1664, et monseigneur de Jouanne de Saumery, le 15 juin 1725.

La mémoire de saint Vidian est célébrée à Martres par deux fêtes. La première se célèbre le 27 août, jour de son martyre. On porte les reliques en procession autour des remparts de la ville. La seconde, dans laquelle on célèbre la translation de ses reliques, est le dimanche de la Trinité. Ce jour-là, à l'offrande de la Messe, toute la troupe rend les honneurs militaires au héros chrétien, en inclinant leurs armes devant ses reliques, pendant que le tambour bat aux champs. A la procession qui a lieu après la messe, quatre notables portent le pavillon de saint Vidian jusques hors de l'église; et pendant qu'à la station, le célébrant lave le buste de saint Vidian, pour rappeler que ce fut dans le même lieu que le héros fut laver ses plaies, toute la jeunesse en armes simule un combat commémoratif de cavalerie et d'infanterie. A ces deux processions, les reliques sont portées par des jeunes gens, renfermées dans des châsses en chêne parfaitement sculptées, et qui furent faites en 1635 par ordre de monseigneur Jean-Louis de Berthier, lequel prescrivit, à cet effet, une quête générale dans son diocèse.

L'histoire du martyre de saint Vidian telle, quant aux faits, que nous venons de la rapporter fut trouvée, par monseigneur Jean-Louis de Berthier, écrite sur trois coffres dorés qui renfermaient les reliques, et qui étaient dans le tombeau de l'oratoire du saint martyr. Elle fut imprimée avec approbation de monseigneur l'Évêque, qui voulut, pour lui donner plus d'autorité, la munir de son seing et du sceau de ses armes.

NOTES.

(1) L'histoire de la vie et du martyre de saint Vidian, imprimée par ordre de monseigneur l'Évêque de Rieux, Jean-Louis de Berthier, le 23 septembre 1634, doit faire foi aux yeux de ceux qui croient encore aux traditions historiques. Des monumens de cette nature, traitant d'un objet religieux et rappelant de si grands souvenirs, ne peuvent qu'être conservés avec le plus grand soin par un peuple pieux et reconnaissant. Puis on a dit que l'église de Martres avait appartenu aux religieux de Saint-Saturnin de Toulouse. Des hommes graves et savans ne durent pas admettre sans examen des traditions vulgaires. Il fallut donc la force de la vérité et la succession des monumens, pour les engager à conserver dans le prieuré de Martres l'histoire de saint Vidian écrite sur des coffres dorés. Cette conservation serait à elle seule une preuve, si on veut se rappeler que l'église dans les divers conciles déploya une grande sévérité contre les auteurs, propagateurs ou prédicateurs d'histoires de saints apocryphes ou altérées.

(2) Dans le bréviaire de Rieux, Saint-Vidian est du rit double-majeur. Cette fête se célèbre le 27 août. Le nom de ce héros chrétien a été mis aussi dans les litanies, et il est porté par un très grand nombre de personnes. La légende du second nocturne est fort belle, et paraît n'être qu'un abrégé de sa vie. Elle parle d'un ancien office qui a été égaré depuis assez long-temps, et dont on n'a conservé

que la prose et l'hymne que l'on trouvera à la fin du volume, et les antiennes et oraisons pour la procession. Nous avons cru que leur antiquité si respectable et la piété qu'elles respirent nous faisaient un devoir de conserver ces diverses pièces.

(3) Comme on l'a vu, le père de saint Vidian était duc d'Alençon et proche parent de Charlemagne. A ce double titre, il devait suivre la cour ; les exploits et la sainteté de son fils ne purent qu'avoir un grand retentissement à Paris. Aussi dans cette église le culte de notre Saint remonte à une haute antiquité. Nous avons entre les mains un livre en parchemin, à l'usage du diocèse de Paris, imprimé en 1523 par Pierre Vidonce : ce sont les heures en l'honneur de la très sainte Vierge. Ce livre renferme le calendrier ecclésiastique, c'est-à-dire la nomenclature des saints dont on faisait l'office, ou des fêtes qu'on célébrait : un pareil calendrier a été placé en tête de nos missels et de nos bréviaires. Dans celui dont nous parlons, au 27 août, nous avons trouvé saint Vidian, martyr, et cependant il n'est fait aucune mention de saint Bertrand, de saint Cizy et de la plupart des saints Évêques de Toulouse et du midi.

Il faut donc qu'à Paris on ait regardé saint Vidian comme un grand saint, ou comme ayant appartenu en quelque manière à cette ville, surtout pour lui avoir donné la préférence sur saint Césaire d'Arles, homme si remarquable par sa foi, sa vertu et ses écrits, et que l'église honore le même jour.

(4) Dans la basilique de Saint-Saturnin on faisait l'office de saint Vidian le 26 août, à cause de l'occurence de la fête de saint Césaire. Monseigneur d'Astros, archevêque de Toulouse, a inséré la légende de notre Saint dans le supplément au bréviaire de son diocèse, et l'a rétablie à son jour.

(5) Godescar place au 8 septembre la fête de saint Vidian, martyr, à Martres, au diocèse de Rieux. Avant lui, André du Saurfay, auteur du Martyrologe Gallican, avait parlé de saint Vidian en termes exprès. Il est vrai qu'il donne les Goths Ariens comme auteurs de son martyre. Mais il est infiniment probable que les Sarrasins, appelés en Espagne par le comte Julien, révolté contre Rodrigue, derniers des rois Goths, enrôlèrent dans leur armée un assez grand nombre d'Espagnols, Goths Ariens, et alors on aurait pu dire tantôt les Goths Ariens, tantôt les Sarrasins. Voici d'ailleurs les termes du martyrologe :

Quinto idûs septembris. In Aquitaniâ, territorio rivensi, loco qui Martres vulgò dicitur, sancti Vidiani martyris, à Gothis Arianis propter orthodaxam fidei professionem impiè trucidati.

(6) Le savant monsieur A. Du Mége, dont les travaux dirigés vers les études profanes ont été si souvent utiles aux antiquités religieuses, a consigné dans la préface de son Archéologie pyrénéenne, les souvenirs de saint Vidian, tels qu'il les a trouvés dans les traditions populaires et dans les annales ecclésiastiques du diocèse de Rieux, et tels que nous l'avons rapporté plus haut. Il a encore parlé de ce Saint dans la statistique des départemens pyrénéens et dans les mémoires de l'Académie des Sciences de Toulouse.

(7) La translation des reliques de saint Vidian a toujours été célébrée le mercredi de la semaine de Pentecôte. Il y a peu d'années on l'anticipa au lundi ; mais ce jour n'ayant plus de solennité, la fête de la translation fut renvoyée au dimanche de la Trinité par monseigneur le cardinal de Clermont-Tonnerre, et c'est encore le jour où on la célèbre.

(8) La procession de la translation était remarquable autrefois par la confrérie de saint Vidian qui y assistait. Cette pieuse association avait été reconnue par le pape Urbain VIII qui lui avait accordé de grands priviléges par un bref en date du 13 novembre 1630, donné à Sainte-Marie-Majeure.

MESSE ET VÊPRES,

EN L'HONNEUR

DE SAINT VIDIAN, MARTYR,

27 AOUT.

INTROITUS.

Bonum certamen certavi, cursum consummavi, fidem servavi; in reliquo reposita est mihi corona justitiæ, quam reddet mihi Dominus in illâ die justus Judex. 2. Tim. 4. Ps. 20. 2. In virtute tuâ, Domine, lætabitur justus, et super salutare tuum exultabit vehementer. Gloria Patri. Bonum certamen.

OREMUS.	PRIONS.
Deus, qui es perenne sanctorum gaudium, beati martyris tui Vidiani da nobis intercessione gaudere ; ut qui ejus passionem celebramus, ipsius precibus suffulti, ad te valeamus pervenire. Per Dominum. N. J. C. F. T.	Dieu, qui êtes le bonheur éternel des saints, accordez-nous de nous réjouir de l'intercession de votre martyr Vidian ; afin que célébrant sa passion, et aidés par ses prières, nous puissions arriver à vous. Par Notre-Seigneur Jésus-Christ votre fils, etc.

MESSE.

Lectio libri Machabæorum.

1. Cap. 3.

In diebus illis, dilatavit Judas gloriam populo suo, et induit se loricam sicut gigas, et succinxit se arma bellica sua in præliis, et protegebat castra gladio suo. Similis factus est leoni in operibus suis, et sicut catulus leonis rugiens in venatione. Et persecutus est iniquos, perscrutans eos : et qui conturbabant populum suum, eos succendit flammis : et repulsi sunt inimici ejus præ timore ejus, et omnes operarii iniquitatis conturbati sunt : et directa est salus in manu ejus. Et exacerbabat reges multos, et lætificabat Jacob in operibus suis, et in seculum memoria ejus in benedictione. Et perambulavit civitates Juda, et perdidit impios ex eis, et avertit iram ab Israel. Et nominatus est usque ad novissimum terræ.

Graduale. Certamen forte dedit illi Dominus ut vinceret, et sciret quoniam omnium potentior est sapientia. ✝. Honestavit illum in laboribus, et complevit labores illius. Sap. 10. 12.

Alleluia, alleluia, ✝. Dedit se ut liberaret populum suum, et acquireret sibi nomen æternum. 1. Machab. 6. 44.

PROSE *Tirée de l'ancien Office.*	PROSA *Ex veteri Officio.*
La naissance de Vidian est pour l'Église militante le nouveau signal d'une éclatante victoire.	Militanti Ecclesiæ Signum novum prætenditur Triumphantis victoriæ Cùm Vidianus oritur.
L'ardeur féroce des Sarrasins est domptée par la valeur de ce héros; et les périls et les fatigues de la guerre ne peuvent ralentir son religieux courage.	Agatenorum feritas A persequente ceditur, Cujus fervens fidelitas In bello nunquàm frangitur.

MESSE.

Cujus fuit mens valida
Sic vigorata cœlitùs
Ut abnegaret fluida,
Velut inane penitùs.

Sanctitatis spectaculum
Inspicienti panditur,
Et sentit beneficium
Qui fluctibus exponitur.

Ad votum patris sequitur
Quod reviviscit filia,
Quæ subitò submergitur
Clamans sancti magnalia.

In capite percutitur
Perfidi diro gladio,
Cujus cruor perfunditur,
Expers mundi contagio.

Mox hostia efficitur
Et in cœlum recipitur
Christi servus martyrio
Fruens æterno gaudio.

Ergo, martyr egregie,
Manum extende miseris,
Quos in mundi certamine
Cernis plenos miseriis.
Amen.

Il fut doué d'une si grande sagesse et force de caractère, qu'il méprisa tous les biens de la terre, à l'égal des choses les plus vaines.

Sa sainteté brille d'un tel éclat qu'on en est frappé au premier coup d'œil, et son crédit est si grand auprès de Dieu, que, même au milieu des flots, ce n'est pas en vain qu'on l'implore.

Une fille se noie, et invoque le saint, et elle est bientôt rendue aux vœux de son père.

Le glaive d'un barbare tombe sur sa tête, et son sang est répandu, ce sang que jamais le vice n'avait souillé.

Serviteur de Jésus-Christ, le martyre en fit une hostie agréable, et son ame fut reçue au Ciel pour y jouir d'une félicité éternelle.

O vous, illustre martyr, tendez une main secourable aux malheureux que vous voyez exposés à tant de misères dans les combats ce monde. Ainsi-soit-il.

Sequentia sancti Evangelii secundùm Matthæum. C. 10.

In illo tempore, Dixit Jesus discipulis suis : Nihil est opertum quod non revelabitur, et occultum quod non scietur. Quod dico vobis in tenebris, dicite in lumine; et quod in aure auditis, prædicate super tecta. Et nolite timere eos qui occidunt corpus, animam autem non possunt occidere : sed potiùs timete eum qui potest et animam et corpus perdere in gehennam. Nonnè duo passeres asse veneunt, et unus ex illis non cadet super terram sine patre vestro? Vestri autem capilli capitis omnes numerati sunt. Nolite ergò timere : multis passeribus meliores estis vos. Omnis ergò qui confitebitur me coram hominibus, confitebor et ego eum coram patre meo, qui in cœlis est.

Offert. Voluntariè sacrificabo tibi, et confitebor nomini tuo, Domine, quoniam ex omni tribulatione eripuisti me, et super inimicos meos despexit oculus meus. Ps. 53.

SECRÈTE.

Que les divins sacrifices que nous vous offrons, Seigneur, allument dans nos ames ce feu de la charité dont brûlait le bienheureux martyr Vidian, et qui le porta à combattre jusqu'à la mort pour la justice.

Par Notre-Seigneur, etc.

SECRETA.

Divina quæ tibi, Domine, offerimus sacrificia hunc in nobis caritatis ardorem accendant quo beatus Vidianus martyr, accensus usque ad mortem pro justitiâ certavit.

Per Dominum.

Communio. Pro legibus et pro sanctis perierunt fratres mei : et nunc non mihi contingat parcere animæ meæ in omni opere tribulationis. 1. Machab. 13.

POSTCOMMUNION.

Faites, Seigneur, que les divins mystères auxquels nous venons de participer nous animent d'une telle force, que par la foi et la patience, nous ayons le bonheur avec votre saint martyr Vidian, d'être rendus héritiers des promesses éternelles.

Par Notre Seigneur, etc.

POSTCOMMUNIO.

Divina quæ sumpsimus mysteria sic nos roborent, Domine, ut cum beato Vidiano martyre tuo fide et patientiâ promissiones hæreditemus æternas.

Per Dominum.

A VÊPRES.

Ps. Dixit Dominus. Dim. à Vêpres.

Ant. Prompto animo pro gravissimis, ac sanctissimis legibus honestâ morte perfungar. 2. Machab. 6.

Ps. Beatus vir. Dim. à Vêpres.

Ant. Dominus mecum est quasi bellator fortis : idcircò qui persequuntur me cadent, et infirmi erunt. Jer. 20.

Ps. Credidi. Jeudi à Vêpres.

Ant. Patior sed non confundor : scio enim cui credidi. 2. Tim. 1.

Ps. Ad Dominum. Mardi à Vêpres.

Ant. Si consistant adversùm me castra, non timebit cor meum. Ps. 26.

Ps. Levavi oculos meos. Lundi à Vêpres.

Ant. Propter opus Christi usquè ad mortem accessit, tradens animam suam. Philipp. 2.

CAPITULUM :

Beatus vir qui suffert tentationem ; quoniam cum probatus fuerit, accipiet coronam vitæ, quam repromisit Deus diligentibus se. Jac. 1.

Alleluia, Alleluia. Confortamini, et non dissolvantur manus vestræ : erit enim merces operi vestro. Alleluia. Paralip. 15.

HYMNE
Tiré de l'ancien Office.

Soldat courageux, vainqueur de la mort, Vidian méprise les plaisirs et les peines, pour pouvoir, après cette vallée de larmes, obtenir les récompenses du Seigneur pendant la bienheureuse éternité.

Dieu trois fois saint, la sagesse dont vous l'avez revêtu le porte à fouler aux pieds la terre, à chercher le ciel, et lui donne une gloire grande et méritée.

Dieu qui vivez dans des splendeurs du père, ce fut éclairé de votre lumière céleste qu'il délivra l'auteur de ses jours que le Démon conseillait de rendre à la liberté, et esclave lui-même, il n'en fut pas moins votre zélé serviteur.

Dieu de toute clémence, les dons que vous lui avez départis rendent ce chef illustre des Français l'exemple des mœurs dans les contrées où il porte ses pas.

Dieu des armées, dans la condition de soldat chrétien il trouve pour nous la gloire, et pour lui le bonheur. Il prend ses armes, il part : et l'ennemi est en fuite.

HYMNUS
Ex veteri officio.

Miles fortis,
Victor mortis,
Blanda spernit et aspera,
Ut post fletus,
Intrent lætus
Æterna Christi munera.

Vidianus
Mente sanus
Digno vocatur nomine;
Ima terit,
Summa quærit,
Cœli Deus sanctissime.

Captivatur,
Liberatur,
Pater instinctu dæmonis;
Numinis datur,
Te sectatur,
Consors paterni luminis.

Dux Francorum,
Doctor morum
Efficeris provinciæ,
Quem decorat
Et honorat
Summæ Deus clementiæ.

Armis tectus
Est profectus
Quibus fugat exercitum;
Ut te laudet,
Sorte gaudet
Deus tuorum militum.

VÊPRES. 51

Muti fantur,
Illustrantur
Cæci, exit dæmonium;
Per te signis
Fit insignis
Christe, redemptor omnium.
Tuta gentem
Te precantem,
Depressor hostis solidi,
Quam conducas
Et inducas
Ad cænam agni providi.
Simplex, trine,
Carens fine,
Clemens, æterna veritas,
Ut regnemus,
Te laudemus,
O lux, beata trinitas,
Amen!

Christ rédempteur du monde, votre grâce l'illustra du don des miracles; les muets parlent, les aveugles voient, et le Démon abandonne ceux qu'il avait tyrannisés.

Vainqueur d'un ennemi formidable, protége le peuple qui t'implore, et conduis-le par tes soins au banquet de l'agneau de Dieu dont le sang nous a rachetés.

Dieu, un en trois personnes, infini, clément, éternelle vérité; pour avoir part à votre Royaume, que nous ne cessions de vous louer, ô lumière, Trinité heureuse.

Ainsi soit-il.

A LA PROCESSION.

La Prose et l'Hymne ci-dessus avec les Antiennes, Versets et Oraisons qui suivent :

Vidiane, Martyr inclyte, pro nobis ad Jesum-Christum funde preces, qui sumus tibi servientes quamvis peccatis gravibus onusti; miles et dux, tu nos duc tuis precibus

Vidian, Martyr illustre, adressez à Jésus-Christ de ferventes prières pour nous qui sommes vos serviteurs, quoique chargés de grandes iniquités. Soldat et chef, à travers les flots dont vous nous ferez braver le courroux, conduisez-nous par vos prières au port du salut éternel.

O Saint Martyr, venez à notre secours ; et ces dons de la grâce de Jésus-Christ qu'on vous a donnés si libéralement, veuillez nous les accorder avec la même générosité.

℣. Saint Vidian, priez pour nous. Louez Dieu.

℟. Afin que nous soyons rendus dignes des promesses de Jésus-Christ. Louez Dieu.

ad salutis æternæ portum superatis fluctibus.

O sancte martyr, succurre nobis : gratis accepisti, gratis tribuas nobis munera gratiæ Jesu-Christi.

℣. Ora pro nobis, Beate Vidiane. Alleluia.

℟. Ut digni efficiamur promissionibus Christi. Alleluia.

PRIONS.

Dieu qui faites briller votre Eglise par les vertus de votre martyr Vidian, nous vous en prions, accordez-nous en faveur de ses mérites que nous soyons délivrés des liens du péché, par Jésus-Christ Notre Seigneur. Ainsi soit-il.

Chef valeureux, et soldat de la croix qui nous a sauvés, Vidian ayant confessé par ses paroles, ses œuvres et son sang le Seigneur Jésus, Prince, roi et libérateur, a obtenu la palme immortelle, et mérité de s'asseoir, enivré de délices, au banquet nuptial avec l'époux et l'épouse, mère

OREMUS.

Deus qui Ecclesiam tuam beati Vidiani martyris tui virtutibus illustras, præsta nobis, quæsumns, ut ejus suffragantibus meritis, à peccatorum nexibus eripi mereamur per Christum Dominum nostrum. Amen.

Miles crucis salvificæ, et dux Vidianus, Principem et regem et liberatorem Dominum Jesum-Christum confessus verbo, opere et sanguine lauream acquisivit, et gloriam Christi deliciis plenus adeptus, discumbere meruit nuptiali in mensâ cum sponso

et sponsâ Christi matre, et cum sanctis martyribus et angelis æternaliter. Alleluia.	du Christ, et dans la compagnie des saints martyrs et des anges pendant toute l'éternité. Louez Dieu.

℣. Posuisti, Domine, in capite ejus coronam,
℟. De lapide pretioso. Ps. 20.

Cant. Magnificat.

ANT. *Duplic.* Justum non dereliquit Deus, donec afferret illi potentiam adversùs eos qui eum deprimebant ; et dedit illi claritatem æternam. Sap. 10.

L'oraison de la Messe.
Mémoire du dimanche.

1. Après les Vêpres procession des Reliques, et au retour Bénédiction du Très Saint Sacrement.

LE DIMANCHE DE LA TRINITÉ.

Fête de la Translation des reliques de saint Vidian.

On fait l'office de la Trinité avec mémoire de saint Vidian et du Dimanche, par les trois oraisons de la messe, à l'office du matin ; et par l'antienne, verset et oraisons des Vêpres à l'office du soir : cette dernière commémoraison sera du Rit annuel par le chant du *Ps. Laudate Dominum omnes gentes* etc., avant et après lequel on dira l'antienne suivante :

Princeps fuit et rector fratrum, firmamentum gentis, stabilimentum populi : ossa ipsius visitata sunt, et post mortem prophetaverunt. Eccl. 49.

La Collecte de la messe : Deus qui es, etc.

FIN.

TOULOUSE, IMPRIMERIE DE J.-B, PAYA.

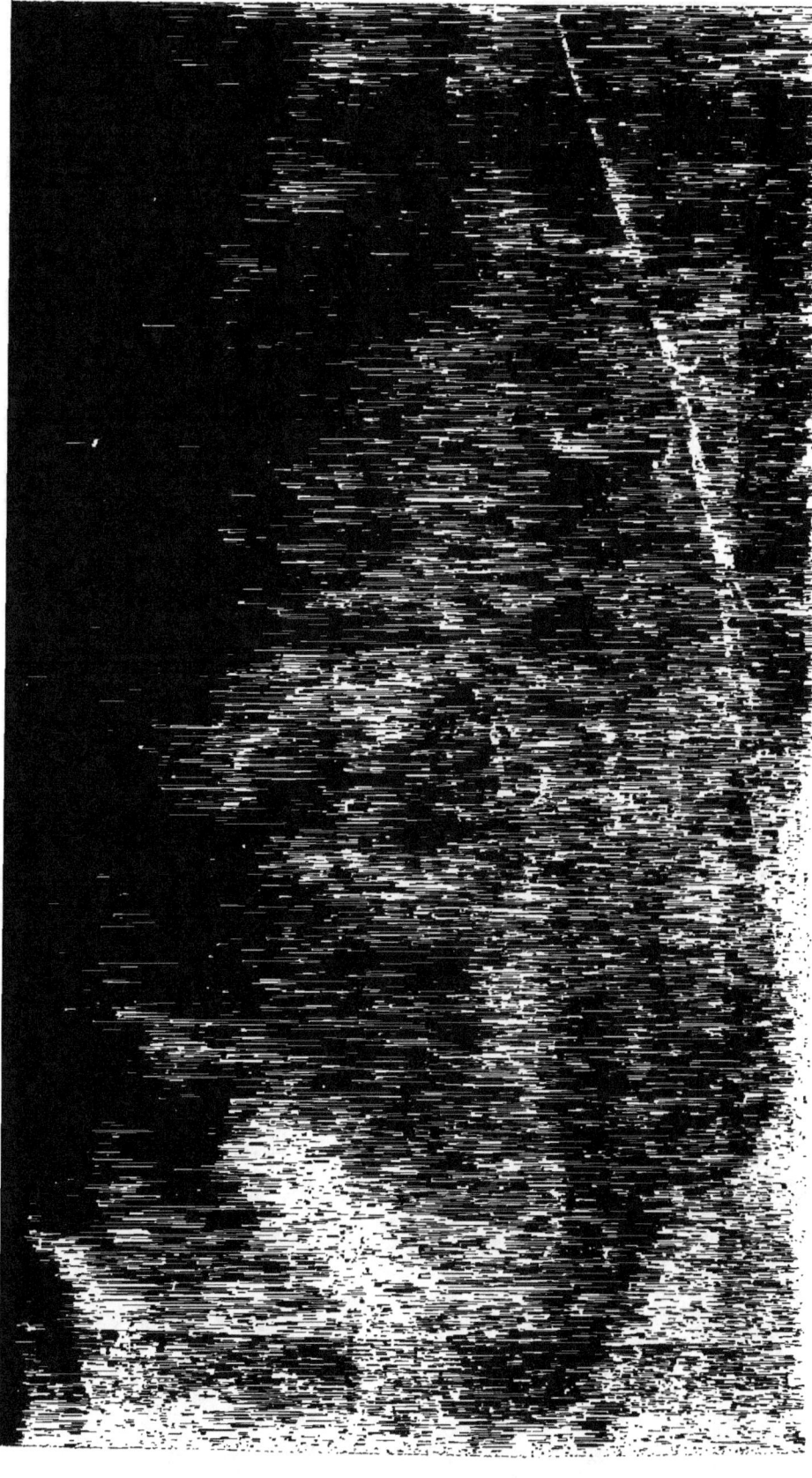

www.ingramcontent.com/pod-product-compliance
Lightning Source LLC
LaVergne TN
LVHW021747080426
835510LV00010B/1349